¿Quién fue Leonardo da Vinci?

¿Quién fue
Leonardo da Vinci?

Por Roberta Edwards

Ilustrado por True Kelley

Traducido del inglés por Santiago Ochoa

Grosset & Dunlap

An Imprint of Penguin Group (USA) Inc.

Para Tanni Tytel—R.E.
Para Eloise and Charlotte Lindblom—T.K.

GROSSET & DUNLAP
Published by the Penguin Group
Penguin Group (USA) Inc., 375 Hudson Street, New York, New York 10014, USA
Penguin Group (Canada), 90 Eglinton Avenue East, Suite 700,
Toronto, Ontario M4P 2Y3, Canada (a division of Pearson Penguin Canada Inc.)
Penguin Books Ltd., 80 Strand, London WC2R 0RL, England
Penguin Group Ireland, 25 St. Stephen's Green, Dublin 2, Ireland
(a division of Penguin Books Ltd.)
Penguin Group (Australia), 250 Camberwell Road, Camberwell, Victoria 3124, Australia
(a division of Pearson Australia Group Pty. Ltd.)
Penguin Books India Pvt. Ltd., 11 Community Centre,
Panchsheel Park, New Delhi—110 017, India
Penguin Group (NZ), 67 Apollo Drive, Rosedale, Auckland 0632, New Zealand
(a division of Pearson New Zealand Ltd.)
Penguin Books (South Africa) (Pty.) Ltd., 24 Sturdee Avenue,
Rosebank, Johannesburg 2196, South Africa

Penguin Books Ltd., Registered Offices: 80 Strand, London WC2R 0RL, England

Spanish translation by Santiago Ochoa.

Spanish translation copyright © 2012 by Penguin Group (USA) Inc. Text copyright © 2005
by Penguin Group (USA) Inc. Illustrations copyright © 2005 by True Kelley.
Cover illustration copyright © 2005 by Nancy Harrison. Spanish edition published in 2012
by Grosset & Dunlap, a division of Penguin Young Readers Group, 345 Hudson Street,
New York, New York 10014. GROSSET & DUNLAP is a trademark of
Penguin Group (USA) Inc. Printed in the U.S.A.

The Library of Congress has cataloged the original English edition under
the following Control Number: 2005014639

ISBN 978-0-448-45857-1   10 9 8 7 6 5 4 3 2 1

Contenido

¿Quién fue Leonardo da Vinci?

Algunas personas tienen un talento enorme . . . y uno de ellos es Leonardo da Vinci, quien vivió en una época en la que hubo muchas personas extremadamente talentosas. Aún así, él sobresalió.

Podía dibujar y pintar mejor que cualquiera. Una de sus pinturas, la *Mona Lisa,* es la pintura más famosa del mundo. También fue un científico que quería revelar los secretos del mundo natural.

Fue ingeniero e inventor. Diseñó una bicicleta que habría funcionado trescientos años antes de la primera bicicleta que se construyó.

LA LINA DA
BRACCIA DE
LEONARDO

Fue un deportista excelente. Un buen músico. *Y* era apuesto. (Aunque no se conocen retratos suyos, cuando las personas de su tiempo lo describieron, siempre mencionaban su buena apariencia).

"Quiero hacer milagros", dijo. Y sin embargo, muchas veces se encontró con el fracaso. Podía ser encantador, pero desconfiaba de casi todo el mundo. Era un solitario. No tenía familia. Durante dieciséis años ni siquiera tuvo su propia casa.

Leonardo se sentía decepcionado de sí mismo. Nunca alcanzó las metas que se propuso. Sus más grandes obras quedaron inconclusas. Sin embargo, lo que logró en sesenta y siete años sigue siendo la medida de la excelencia humana. Es difícil imaginar que alguien pueda hacerlo mejor.

Capítulo 1
Un niño no deseado

El 15 abril de 1452, en una pequeña ciudad en una colina de Italia, nació un niño. Su padre era un exitoso hombre de negocios llamado Ser Piero. Su madre, Caterina, era una campesina joven y pobre. Ni siquiera sabemos su apellido. El niño que tuvieron fue bautizado Leonardo, y como su ciudad natal se llamaba Vinci, fue conocido como

Leonardo da
Vinci.

Los padres de Leonardo
no estaban casados. Su padre
se sentía avergonzado de su hijo
y lo dejó al cuidado de su madre.
Ser Piero se casó con otra mujer más
respetable y tuvo otra familia. Se mudó
a Florencia, una ciudad cercana y más
grande. Caterina tampoco quería estar con su
bebé. Lo cuidó un par de años. Entonces, también
se casó y tuvo otra familia.

¿Qué sería entonces del pequeño Leonardo?

La solución de Ser Piero fue dejar al niño con
sus padres. Pero los abuelos de Leonardo eran
ancianos; su abuelo tenía ochenta y cinco años. Y
a esa edad, ¿qué interés podían tener por un bebé?
Sin embargo, lo recibieron. Lo alimentaron, lo
vistieron y le dieron un techo. Pero poco más que

eso. Nadie quería al pequeño. La única persona que se interesó en él fue un tío llamado Francesco.

Francesco era un agricultor enamorado del hermoso paisaje de Vinci. Daba largos paseos por las colinas cubiertas de olivos.

Leonardo solía acompañarlo. Fue gracias a estas caminatas que aprendió a amar la naturaleza. La forma ondulante de las colinas. Las hojas plateadas de los olivos. El vuelo de las aves. Y la luz solar suavizada por la niebla.

Adondequiera que iba, Leonardo llevaba un pequeño cuaderno. Dibujaba todo lo que le interesaba. Una planta, unos patos en un arroyo, flores, un insecto, algunas vacas. El papel era muy

costoso pero Leonardo era afortunado. Debido al negocio de su padre, siempre tuvo una provisión. Fue una de las cosas más importantes que Ser Pietro le dio a su hijo.

EL PERGAMINO
Y EL PAPEL

EL PERGAMINO SE HACE DE LA PIEL DE ANIMALES COMO LAS OVEJAS, LOS TERNEROS Y LOS CHIVOS. LA PIEL SE SECA Y SE TRATA HASTA QUE SE VUELVE PLANA Y PARECIDA AL PAPEL.

EL PERGAMINO ES MUCHO MÁS FUERTE QUE EL PAPEL. TAMBIÉN ES MÁS COSTOSO. LOS HERMOSOS

LIBROS DE ORACIONES Y LAS BIBLIAS COPIADAS A MANO DE LA EDAD MEDIA ESTABAN ELABORADOS EN PERGAMINO, QUE RARA VEZ SE UTILIZA HOY EN DÍA.

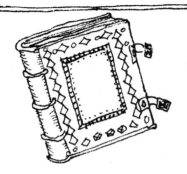

EL PAPEL SE HIZO POR PRIMERA VEZ EN CHINA HACE CASI DOS MIL AÑOS, UTILIZANDO LA CORTEZA DEL ÁRBOL DE LA MORERA.

(ACTUALMENTE, EL MEJOR PAPEL SE ELABORA CON MATERIAL VEGETAL). EL PAPEL SE HACÍA MOJANDO Y GOLPEANDO EL MATERIAL HASTA DIVIDIRLO EN FIBRAS O FILAMENTOS, QUE LUEGO ERAN PROCESADOS HASTA LOGRAR UNA CONSISTENCIA CASI LÍQUIDA QUE SE VERTÍA EN UN MOLDE DE MALLA. UNA VEZ FILTRADA EN EL MOLDE, YA TENÍA LA FORMA DE UNA HOJA DE PAPEL. EN EUROPA, EL PAPEL FUE INTRODUCIDO POR LOS MOROS DEL NORTE DE ÁFRICA. EL PRIMER MOLINO DE FABRICACIÓN DE PAPEL FUE CONSTRUIDO EN ESPAÑA ALREDEDOR DEL AÑO 1150.

MORERA

Incluso cuando era un niño, Leonardo tenía un enorme talento para dibujar. Sus dibujos parecían volar de sus dedos al papel. Sus conejos y aves no parecían dibujos: parecían *vivos*.

Leonardo entendía la belleza de la naturaleza y también conocía sus peligros. Cuando sólo tenía cuatro años, un terrible huracán golpeó el campo. Las granjas fueron destruidas y muchas personas murieron. Cuando tenía diez años, el río Arno inundó a Florencia. Leonardo vio la tormenta y la inundación, y nunca lo olvidó. Toda su vida hizo dibujos de agua en movimiento.

FLORENCIA INUNDADA

El agua era una fuente de vida para los animales y las plantas. También era una fuente de destrucción. Leonardo quería entender los dos lados de esta fuerza y controlar su poder.

Su padre debió ser consciente del talento de su hijo para dibujar: lo único que necesitó fue mirar uno de sus bocetos. Ser Piero era un hombre práctico. Sabía que las opciones de Leonardo como hijo natural eran limitadas y no podía estudiar en la universidad. No podría ser un abogado ni un hombre de negocios como su padre. No podría ser un médico. Pero sí podría trabajar en uno de los estudios artísticos de Florencia. Ser artista era un oficio respetable. Ser Piero decidió llevar a su hijo a la ciudad. Allí, se las arregló para que viviera y trabajara con un artista famoso. Su nombre era Andrea del Verrocchio. Esto fue sin duda lo mejor que Ser Piero hizo por su hijo. Esto cambió la vida de Leonardo para siempre.

Verrocchio

Capítulo 2
El estudio artístico

FLORENCIA

Durante el siglo XV, Florencia era la ciudad más importante y vibrante del mundo. Era una de las cinco ciudades-estado en lo que ahora es Italia. Ser una ciudad-estado significaba que Florencia tenía su propio gobierno. Se llamaba la Signoria. Pero durante muchos años, la ciudad fue gobernada realmente por una familia muy rica y poderosa llamada los Medici.

EL
PALACIO
MEDICI

(Palazzo
Vecchio)

Los hombres de esta familia eran amantes del arte. Construyeron casas, iglesias y bibliotecas hermosas en Florencia. Querían obras de arte para estas edificaciones. Andrea del Verrocchio era uno de los artistas más famosos que vivían en Florencia en esa época. Tenía mucho trabajo. Leonardo fue muy afortunado al estudiar con semejante maestro.

Leonardo era un aprendiz. Tenía doce años cuando llegó al estudio de Verrocchio. Todos los aprendices eran niños. Las niñas no podían serlo. Los aprendices no recibían pago, pero les daban un lugar donde dormir, comida, y un poco de dinero. Aprendían a ser artistas en el estudio. Durante el primer año, tomaban clases de dibujo. Después de unos siete u ocho años, ya sabían pintar, realizar

frescos (pinturas hechas directamente en las paredes), esculpir estatuas de mármol o bronce, diseñar cerámica, platería, objetos de oro y hasta edificios.

Los aprendices comenzaban desde abajo hasta llegar arriba. Barrían el estudio, hacían recados para los artistas mayores y limpiaban al final del día. No había tiendas de artículos de arte. Entonces, a Leonardo y a los otros aprendices les enseñaban

a hacer pinceles y a preparar pinturas. Para los pinceles, introducían pelos o cerdas de diversos animales en mangos de madera. Las cerdas del puerco, por ejemplo, eran muy buenas para los pinceles duros. El pelaje de las ardillas era utilizado para pinceles más suaves. Los artistas pintaban con un tipo de pintura llamada al temple.

MORTERO

ROJO:
ESCARABAJOS
COCHINILLA

YEMA DE
HUEVO

AZUL:
LAPISLÁZULI

AMARILLO:
BAYAS DE ESPINO

La base de la pintura al temple era el huevo y no el aceite. (Las pinturas a base de aceite se hicieron por primera vez en Holanda; los artistas italianos sólo comenzaron a utilizar pinturas a base de aceite en la década de 1470). A Leonardo le enseñaron a preparar colores. El azul se hacía pulverizando una piedra llamada lapislázuli. El rojo, aplastando escarabajos diminutos. El amarillo provenía del jugo de una baya.

En esa época, el lienzo no se utilizaba en las pinturas. En su lugar, el artista pintaba sobre una superficie plana de madera. Pero ésta tenía que ser preparada con anterioridad. Hervirla evitaba que se partiera o resquebrajara. Luego se le aplicaba pegamento. Luego, se le aplicaba una capa fina de

yeso. Este proceso dejaba el panel de madera liso y suave, listo para pintar. Todo esto lo hacían los aprendices.

MAESTRO DE MAESTROS

MAESTROS

ASISTENTES

MIEMBROS
DEL GREMIO

JORNALEROS

APRENDICES

SUBIENDO LA ESCALERA

EL ESTUDIO DE VERROCHIO ERA TÍPICO
DE SU ÉPOCA. LOS APRENDICES ESTABAN
EN LA PARTE INFERIOR DE LA ESCALERA.
POR ENCIMA DE ELLOS ESTABAN LOS
JORNALEROS. TENÍAN MUCHOS AÑOS DE
EXPERIENCIA Y LES ENSEÑABAN A LOS
APRENDICES. ERAN TRABAJADORES
CAPACES, PERO NO LO SUFICIENTEMENTE
BUENOS PARA PERTENECER AL GREMIO
DE LOS PINTORES. AL IGUAL QUE UN
SINDICATO, EL GREMIO ERA UN GRUPO
QUE PROTEGÍA LOS INTERESES DE
SUS MIEMBROS. HABÍA GREMIOS PARA
MUCHAS PROFESIONES DIFERENTES COMO
LOS TALABARTEROS (TRABAJADORES
DEL CUERO), LOS FARMACEUTAS Y LOS
TEJEDORES. LOS MEJORES ASISTENTES
DE VERROCCHIO ERAN MIEMBROS
DEL GREMIO, Y POR LO TANTO, ERAN
CONOCIDOS COMO MAESTROS. EN LA
PARTE SUPERIOR DE LA ESCALERA
ESTABA VERROCCHIO: EL MAESTRO
DE MAESTROS.

TEMAS DE LAS PINTURAS

EN LA ÉPOCA DE LEONARDO, LOS CLIENTES PEDÍAN DOS CLASES DE PINTURAS. QUERÍAN RETRATOS, QUE ERAN PINTURAS DE ELLOS MISMOS O DE LOS MIEMBROS DE SUS FAMILIAS, O QUERÍAN PINTURAS RELIGIOSAS QUE MOSTRABAN MOMENTOS DE LA VIDA DE JESÚS Y DE LOS SANTOS. NO HABÍA PINTURAS DE PAISAJES DONDE LAS ESCENAS NATURALES, UNA CADENA DE MONTAÑAS O UN LAGO, FUERAN EL TEMA PRINCIPAL. TAMPOCO HABÍA NATURALEZAS MUERTAS, QUE SON PINTURAS DE OBJETOS COMO UN BODEGÓN DE FRUTAS, UN RAMO DE FLORES EN UN JARRÓN, O UNA MESA DISPUESTA PARA UNA CENA. A MENUDO, ESTE TIPO DE COSAS APARECÍAN EN LAS PINTURAS RELIGIOSAS, PERO NO ERAN EL TEMA PRINCIPAL. EN LA DÉCADA DE 1520, UN ARTISTA ALEMÁN LLAMADO ALBRECHT ALTDORFER FUE EL PRIMERO EN PINTAR PAISAJES. LAS NATURALEZAS MUERTAS FUERON CREADAS INICIALMENTE EN HOLANDA EN LA DÉCADA DE 1650.

RETRATO   VIRGEN CON NIÑO   PAISAJE   NATURALEZA MUERTA

El estudio de Verrocchio siempre estaba ocupado. En muchas ocasiones, el maestro y los asistentes trabajaban en varios proyectos a la vez.

Hacían cualquier cosa que les pidieran sus clientes. Como director del estudio, Verrocchio dirigía los negocios y elaboraba los contratos. El contrato decía exactamente lo que sería el trabajo (por ejemplo, la estatua de un soldado montado a caballo) cuánto tiempo tardarían en hacerlo, cuánto costaría y qué materiales se utilizarían. (El mármol era más caro que la madera. Utilizar piezas finísimas de oro llamadas "pan de oro" hacían que una obra fuera más costosa). Y sólo Verrocchio, el maestro, firmaba las obras de arte.

Verrocchio vio enseguida que el joven Leonardo tenía un talento especial e innato. Y tan pronto aprendió los fundamentos del oficio, le permitió a Leonardo hacer trabajos más importantes.

Los clientes—o mecenas, como eran llamados—solían donar las pinturas religiosas a alguna de las iglesias importantes de Florencia. Los motivos de una pintura podían ser María y el niño Jesús en el pesebre con José, los Reyes magos y los pastores. Algunas veces, el mecenas quería que él y su esposa también fueran incluidos en el cuadro. Podían aparecer a los lados, arrodillados y rezando.

Su tamaño casi siempre era más pequeño que el de los santos.

Los domingos, cuando la gente iba a la iglesia, veían el hermoso cuadro de María y su hijo, *y* al mecenas que había pagado por él. Era un gran regalo para la Iglesia. Mostraba lo ricos e importantes que eran los mecenas.

Verrocchio recibió una comisión para realizar una pintura del bautismo de Jesús. En ella, Jesús está de pie en un arroyo rocoso. San Juan vierte agua sobre su cabeza. A la izquierda están dos ángeles. Verrocchio pintó casi todo el cuadro salvo por uno de los ángeles. Este ángel mira a Jesús como si entendiera la importancia de lo que sucede en la escena. Su rostro es dulce y sabio. Leonardo pintó el ángel, quien se ve tan lleno de vida que todos los otros elementos del cuadro parecen rígidos. Verrocchio comprendió que Leonardo era un genio. Tenía un talento como nunca había visto. Verrocchio entendió que no era tan buen

EL ÁNGEL DE LEONARDO

artista como su joven aprendiz. La historia dice que después de ver el ángel de Leonardo, Verrocchio no volvió a pintar. Se dedicó a hacer más esculturas y artículos de oro. Pero nunca pintó otro cuadro.

ESTATUA DE DAVID,
REALIZADA POR
VERROCCHIO ALREDEDOR
DE 1473

Capítulo 3
El resto del mundo

Leonardo permaneció mucho tiempo en el taller de Verrochio: trece años. Se convirtió en un maestro y en miembro del gremio. Pero no abrió su propio estudio. Tal vez, el estudio de Verrochio le parecía un hogar, un lugar al que pertenecía y donde era querido. Verrochio era un maestro amable y seguramente fueron muy cercanos.

Florencia también era un lugar emocionante para vivir. Estaba lleno de nuevas ideas. También era una ciudad donde había muchos libros. Hasta mediados del siglo XV no existían libros impresos. Cada libro era copiado a mano. A veces se pintaban hermosos dibujos en sus páginas. El resultado era una obra de arte en sí misma. Pero tomaba mucho tiempo hacer sólo uno. Alrededor

Johannes Gutenberg

de 1450, un hombre llamado Johannes Gutenberg hizo un descubrimiento en Alemania. Se ideó la manera de construir una imprenta con letras de acero. Las letras podían moverse para armar las palabras. Una página de texto untada de tinta podía imprimirse muchas veces. La Biblia era considerada el libro más importante. Y el primer libro impreso fue la Biblia.

Sin embargo, otros libros se imprimieron muy pronto. Libros de matemáticas. De mapas. De grandes pensadores del pasado como Platón y Aristóteles. Como había más libros disponibles, más personas aprendieron a leer.

A Leonardo le habían enseñado a leer y escribir cuando era niño. También tenía conocimientos básicos de matemáticas. Esto no era suficiente para él. Quería aprenderlo todo pero no podía ir a la universidad. Sin embargo, podía aprender por sí mismo. Entonces comenzó a comprar libros y a coleccionarlos. Siguió haciéndolo durante toda su vida.

Los artistas necesitaban conocimientos matemáticos para hacer que sus cuadros parecieran tridimensionales o 3-D. En la Edad Media, las pinturas no eran realistas. Las personas que aparecían en ellas se veían planas, como un rey o una reina en una carta de naipes. Los edificios también se veían planos, como los paisajes en una obra

VIRGEN CON NIÑO, PINTURA MEDIEVAL REALIZADA POR DUCCIO

de teatro. Pero en el siglo XV, un artista llamado Filippo Brunescelli ideó una manera de hacer que los cuadros parecieran tener profundidad. Una persona que mirara un cuadro tenía la ilusión de verlo como un espacio real.

Por ejemplo, las figuras que estaban cerca tenían que ser mucho más grandes que aquellas que supuestamente estaban más lejos. Esto se llamó pintura con perspectiva. Un pintor necesitaba tener conocimientos matemáticos para medir las proporciones y los espacios correctos de las figuras en los paneles de madera.

PERSPECTIVA

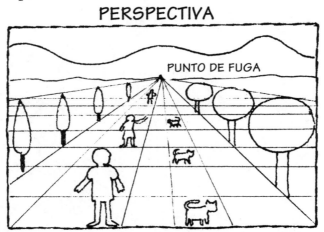

PUNTO DE FUGA

EL RENACIMIENTO

LA PALABRA FRANCESA *RENAISSANCE* SIGNIFICA
"RENACIMIENTO." ES EL NOMBRE DADO A UNO
DE LOS PERÍODOS MÁS INTERESANTES DE LA
HISTORIA. ES IMPOSIBLE DAR FECHAS EXACTAS,
PERO EL RENACIMIENTO SE DIO
DESDE COMIENZOS O
MEDIADOS DEL

SIGLO XV HASTA EL SIGLO XVII. AUNQUE LA PALABRA ES DE ORIGEN FRANCÉS, ITALIA FUE EL CENTRO DEL RENACIMIENTO. FUE UNA ÉPOCA DE CREATIVIDAD, ASÍ COMO DE NUEVAS IDEAS Y FORMAS DE PENSAMIENTO. EL PROPÓSITO DE LA VIDA YA NO SÓLO ERA GANARSE EL CIELO. HABÍA GRANDES COSAS QUE LA GENTE PODÍA LOGRAR EN LA TIERRA. EL TÉRMINO "HOMBRE DEL RENACIMIENTO" SE REFIERE A ALGUIEN QUE ES BUENO EN MUCHOS CAMPOS; LEONARDO FUE UN EJEMPLO CARACTERÍSTICO DE ESTO. EN ESA ÉPOCA, LOS ARTISTAS EXALTARON EL CUERPO HUMANO EN PINTURAS LLENAS DE VIDA. LOS ERUDITOS ESTUDIARON LAS OBRAS DE ANTIGUOS PENSADORES GRIEGOS Y ROMANOS QUE LLEVABAN VARIOS SIGLOS PERDIDAS.

LOS EXPLORADORES NAVEGARON POR LUGARES DESCONOCIDOS DEL MUNDO. SE DESCUBRIERON NUEVOS CONTINENTES. LOS CIENTÍFICOS TAMBIÉN REALIZARON HALLAZGOS SORPRENDENTES SOBRE EL UNIVERSO. EN VARIOS SENTIDOS, EL RENACIMIENTO FUE EL COMIENZO DE LA ÉPOCA MODERNA.

Leonardo era un gran pintor porque seguía las reglas del arte . . . y porque creó sus propias reglas. Tenía magia en sus dedos. Difuminaba las colinas y los valles en el fondo de sus cuadros, pero sólo un poco. Parecían confundirse con el firmamento. Era exactamente así como se ven las montañas lejanas ante nuestros ojos. No tenían detalles ni contornos definidos.

En 1478, cuando Leonardo tenía casi veintiséis años, pintó su primer cuadro completo. Era una escena de la Anunciación. La Anunciación es el momento en que un ángel se le apareció a María y le dijo que iba a tener un niño llamado Jesús. En el cuadro de Leonardo, María tiene las mismas ropas que usaban las mujeres de su época. La virgen está sentada en un jardín amurallado. El paisaje del fondo es muy semejante a las colinas de Vinci. La pintura es serena, pero también es dramática.

La Anunciación es sólo uno de los trece cuadros que los expertos aseguran que pintó Leonardo. Y tres de ellos no fueron terminados.

LA ANUNCIACIÓN

¿Por qué pintó tan pocos cuadros? No porque hubiera muerto joven, pues murió poco antes de cumplir setenta años. Tampoco era perezoso. Le encantaba trabajar. Hizo varios bocetos para *La Anunciación*. Cada rizo de cabello tenía que ser casi perfecto. Y lo mismo sucedía con cada hoja de hierba.

Tal vez Leonardo terminó otros cuadros que quizá se hayan perdido. Es posible que algún día se encuentre una pintura de Leonardo en una pequeña iglesia o un castillo. Esto sería un gran regalo para la humanidad.

Pero el hecho es que Leonardo tenía dificultades para concretar un proyecto. Si recibía una orden para pintar un cuadro, lo que más le interesaba eran los primeros pasos. Le gustaba idearse cómo agrupar a las figuras en el panel. Esto era parte del desafío, como armar todas las piezas de un rompecabezas. Pero terminar un cuadro y darle color no era emocionante para él. Por eso, muchas veces no

terminaba sus trabajos y sus clientes podían sentirse molestos. Y a Leonardo no le gustaba que le dijeran lo que debía hacer. ¡Después de todo, era un genio!

En 1478, Florencia ya no era la ciudad pacífica y agradable de antes. Los gobernantes de la familia Medici estaban en guerra con otra familia poderosa que tenía planes para matarlos. Las calles eran peligrosas.

A la edad de treinta años, Leonardo decidió que era hora de hacer un cambio. Viajó al norte y se mudó a Milán, otra ciudad-estado. Esperaba trabajar para el gobernante de Milán, un duque conspirador llamado Ludovico Sforza.

Capítulo 4
Moviéndose

EL DUQUE SFORZA

Milán tenía una universidad famosa. Pero no era un centro de reconocidos artistas como lo era Florencia. Sin embargo, Ludovico Sforza estaba muy interesado en las artes. Le gustaba organizar grandes fiestas y concursos. También quería que alguien le diseñara nuevas armas. Las ciudades-estado muchas veces estaban en guerra entre sí.

Todo esto le interesaba a Leonardo y le escribió una carta al duque. En ella le comentaba todo lo que sabía hacer. En algunas de ellas exageraba un poco. Dijo que podía diseñar edificios y puentes, buques de guerra y cañones inmensos. Nadie sabe si Leonardo le envió la carta. También hay una historia sobre un regalo que Leonardo le dio al duque. A ambos les encantaba la música y Leonardo le hizo un laúd (una especie de violín con cuerdas y arco). Era de plata y tenía la forma del cráneo de un caballo. Sólo podía tocarse bocabajo. Independientemente de que esto sea cierto o no, una cosa es segura: el duque terminó por contratar a Leonardo.

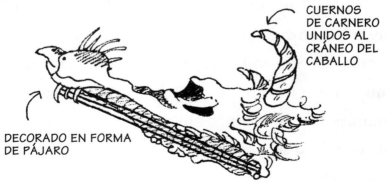

CUERNOS DE CARNERO UNIDOS AL CRÁNEO DEL CABALLO

DECORADO EN FORMA DE PÁJARO

Leonardo viajó a Milán. Hizo todo lo que el duque quería. Trabajó muchos años para él hasta que éste fue derrocado.

CAÑONES DE MORTERO

Cuando el sobrino del duque se casó, hubo una gran fiesta. Leonardo fue el encargado de los preparativos. Construyó escenarios increíbles para una obra de teatro llamada *La fiesta del paraíso*.

Debió ser un gran espectáculo: una montaña fue dividida en dos: dentro había un hermoso modelo a escala del cielo. Los actores, con trajes suntuosos,

representaban a los diferentes planetas. Los doce signos del zodíaco estaban iluminados con antorchas. Todo daba vueltas y más vueltas.

EL UNIVERSO

EN EL SIGLO II D. C., VIVIÓ UN FAMOSO
ASTRÓNOMO GRIEGO LLAMADO TOLOMEO. CREÍA
QUE LA TIERRA ERA EL CENTRO DEL UNIVERSO Y
QUE LOS OTROS PLANETAS Y EL SOL GIRABAN
ALREDEDOR DE LA TIERRA. LA GENTE ACEPTÓ
ESTA CREENCIA HASTA MEDIADOS DEL SIGLO
XVI CUANDO UN ASTRÓNOMO POLACO LLAMADO
NICOLÁS COPÉRNICO DIJO QUE LA TIERRA NO ERA
EL CENTRO DEL UNIVERSO Y QUE EL SOL NO GIRABA
ALREDEDOR DE LA TIERRA. AL CONTRARIO, DIJO
QUE LA TIERRA Y TODOS LOS PLANETAS GIRABAN
ALREDEDOR DEL SOL. ÉL TENÍA RAZÓN. PERO
PASARON MUCHOS AÑOS ANTES DE QUE ESTO
FUERA ACEPTADO.

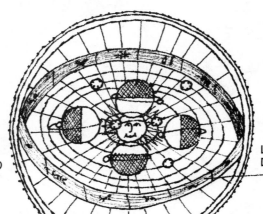

EL UNIVERSO
DE COPÉRNICO

LOS SIGNOS
DEL ZODÍACO

Algunas de las obras de Leonardo eran mucho más prácticas. Descubrió una manera más eficiente de calentar el agua para el baño de la duquesa. También construyó una serie de canales. Incluso, Leonardo trabajó varios años en un proyecto que nunca pudo terminar: al final de su vida seguía soñando con su "caballo".

El duque quería una estatua gigantesca de un caballo para honrar la memoria de su padre. No quería que fuera grande sino inmensa. La más grande de la historia. Durante años, Leonardo hizo bocetos del aspecto que tendría la escultura del caballo. Estudió los caballos en los establos del duque. Hizo modelos en cera. Estudió incluso músculos y huesos de caballos muertos. Quería conocer a los caballos por dentro y por fuera.

El caballo de Leonardo sería tres veces más grande que un caballo real. Tendría alzada su pata delantera derecha. La estatua sería de bronce. Se necesitaban ochenta toneladas de metal para una figura de ese tamaño.

Después de trabajar diez años en este proyecto, Leonardo terminó un modelo en tamaño real en arcilla. Fue colocado en el jardín del castillo del duque. Tenía 24 pies de altura. Todas las personas de Milán pudieron ver cómo sería la estatua. Y todas estuvieron de acuerdo: nunca habían visto nada igual. Pero Leonardo todavía tenía mucho trabajo

por hacer. Hizo moldes de las diferentes partes de la estatua en arcilla. Luego, el bronce caliente sería vertido en los moldes. Este proceso era muy difícil. Si el metal no era vertido lo suficientemente rápido, se resquebrajaría al endurecerse. Pero Leonardo ideó cómo evitar el resquebrajamiento.

El duque consiguió todo el material que necesitaba Leonardo. Parecía que la fabulosa escultura de bronce sería construida. Pero Leonardo nunca utilizó el metal para su caballo.

En 1494, el duque temió un ataque por parte de los soldados de Francia. ¿Qué pasó con todo el bronce? El duque lo fundió para hacer cañones. Y aún así, los cañones no detuvieron a los franceses, quienes tomaron Milán en 1499.

MOLDE PARA EL VACIADO DE
LA CABEZA DEL CABALLO

¿Y qué pasó con el gigantesco caballo de arcilla de Leonardo? Los franceses lo utilizaron para practicar su puntería. Le dispararon tantas flechas que quedó completamente destruido. No quedó nada de todos esos años de trabajo. El sueño de Leonardo quedó convertido en polvo.

Leonardo no tuvo la culpa de que el caballo nunca hubiera sido terminado. Sin embargo, otro trabajo importante para el duque también tuvo un final triste. Y esta vez, Leonardo tuvo una parte de la responsabilidad.

Cerca del castillo del duque había un monasterio donde los monjes vivían, oraban y estudiaban. El duque quería ser enterrado allí. Quería que Leonardo hiciera una pintura en una de las paredes del comedor. Este tipo de pintura se llama al fresco. El mural al fresco es también el más difícil de pintar. La pintura a base de agua se aplica directamente en el revoque aún húmedo del muro. El artista debe trabajar con rapidez, y una vez aplicada la pintura, no se pueden hacer cambios.

El comedor del monasterio era un espacio enorme, lo suficientemente amplio para alojar a cincuenta monjes. Leonardo escogió una escena de los últimos momentos en la vida de Jesús. Él y sus doce apóstoles están sentados a la mesa del comedor. Era una elección acertada para una pintura en un comedor. Es un momento muy dramático. Jesús dice a sus apóstoles que uno de ellos lo traicionará.

Leonardo hizo muchos dibujos sobre los trece personajes. Caminó por las calles de Milán buscando modelos para su pintura al fresco.

El mural sería pintado en la pared de modo que pareciera ser parte de la actividad que se realizaba en el comedor, como si Jesús y sus apóstoles estuvieran en el mismo espacio con los monjes. Incluso la mesa y los platos de la pintura serían iguales a los que usaban los monjes.

El fresco se llama *La última cena* y es una de

las obras de arte más famosas del mundo. Los gentiles de Milán iban el monasterio para verla. A Leonardo no le molestaba. De hecho, le gustaba oír sus opiniones sobre la pintura.

Un joven de diecisiete años fue a ver la obra. Se hizo escritor y dejó comentarios sobre *La última cena.* Escribió que a veces, Leonardo iba al comedor desde muy temprano en la mañana: pintaba desde el amanecer hasta el atardecer. No paraba siquiera para comer o beber. Otras días permanecía de pie frente a la pintura y renegaba de sí mismo. Decía

que no era lo suficientemente buena. Y en otras ocasiones, dejaba de trabajar en la estatua del caballo, daba una o dos pinceladas y se iba.

En el fresco, Jesús aparece en el centro, con seis hombres a cada lado. Se ve tranquilo pero triste. Los seguidores reaccionan a sus noticias con horror. Todos sus discípulos parecen alejarse de él. Sin embargo, uno de los hombres se ve a un lado del grupo. Está inclinado hacia adelante, su brazo sobre la mesa. Su nombre es Judas. Y es él quien traicionará a Jesús.

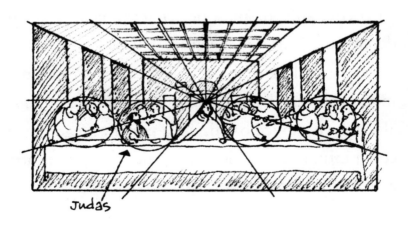

Judas

La última cena fue terminada en 1497. Es una obra llena de vida y de dramatismo. En toda Italia las personas hablaban sobre esta pintura hermosa y conmovedora. Leonardo fue conocido entonces como el maestro más grande de su época. Otros artistas hicieron copias de *La última cena*. Se elaboraron grabados que personas de toda Europa compraron. Quinientos años después, aún es considerada la obra de un genio.

¿Por qué entonces éste no es un final feliz? Por el daño que sufrió la pintura. *La última cena* comenzó a agrietarse y a descascararse menos de cincuenta años después de ser terminada. Esto se debió a un error de Leonardo.

A él no le gustaba trabajar en los frescos del modo habitual. Le gustaba hacer cambios e intentó algo nuevo. Aplicó barniz en la pared y luego pintó con pintura al temple. Leonardo siempre estaba experimentando. Y este experimento le salió mal.

Hoy en día, gran parte del mural se ve

muy deteriorado. Muchos de los rostros están incompletos. Los colores se han desvanecido. Los expertos han intentado restaurar *La última cena*. Lo han restaurado. Sin embargo, esta obra maestra está en mal estado. Tal vez sea afortunado que Leonardo no pueda ver su aspecto actual.

El duque fue un buen mecenas para Leonardo durante muchos años. Lo mantuvo muy ocupado. También le permitió aceptar trabajos de otras personas ricas de Milán.

Fue allí, en 1490, cuando Leonardo adoptó a un niño pobre de diez años. Se llamaba Giacomo, pero Leonardo lo llamaba Salai. Era una palabra local que significaba "pillo" o "demonio". Salai realmente era todo un pillo. Mentía. Rompía cosas. Le robaba dinero a Leonardo y a sus amigos. Leonardo escribió en sus cuadernos que Salai comía como dos chicos y causaba tantos problemas como cuatro.

Aún así, Leonardo lo apreciaba mucho. Lo llevaba consigo a dondequiera que fuese. Es probable que el chico lo apoyara en algunas labores. Pero para Leonardo, fue mucho más importante que un sirviente. Leonardo no era cercano a muchas personas. Le gustaba estar solo y libre para pensar. Nunca tuvo su propia familia. Salai fue probablemente la única persona en ser casi un familiar.

Capítulo 5
Vagabundeando

El duque perdió su poder y huyó de Milán en 1499, tras ser atacado por los franceses. Posteriormente fue capturado y murió en una prisión en Francia.

En diciembre de ese año, Leonardo también abandonó Milán. Salai y un viejo amigo fueron con él. Leonardo pasó dieciséis años sin tener un verdadero hogar. Viajaba de un lugar a otro con muy pocas pertenencias. Sólo conservaba las cosas más importantes. Como por ejemplo, sus cuadernos.

En Milán había comenzado a utilizar cuadernos para plasmar en ellos sus dibujos e ideas. Leonardo siguió haciendo esto durante más de treinta años. Su plan era escribir una enciclopedia sobre todas las cosas.

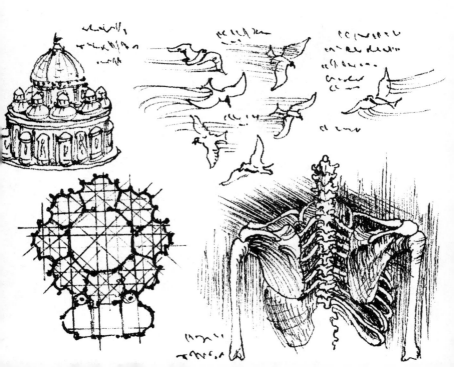

Al igual que la estatua del caballo, éste era otro proyecto enorme. Y al igual que la estatua, fue un trabajo que nunca terminó. Sin embargo, los cuadernos todavía son tesoros invaluables. Sus páginas contienen hermosos dibujos de todo lo que interesó a Leonardo. Los dibujos están entre los más bellos del mundo.

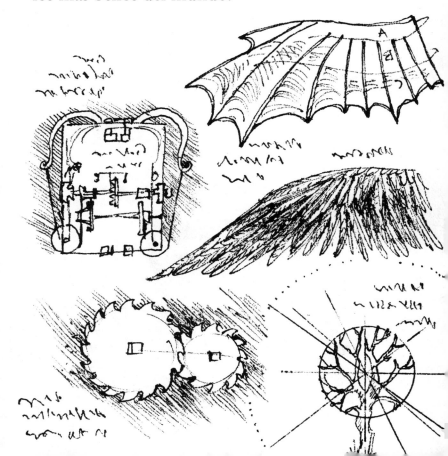

Los cuadernos tienen casi trece mil páginas. Pero después de su muerte, muchas páginas fueron arrancadas y vendidas. Algunos cuadernos fueron destrozados, otros desaparecieron. Y otros más fueron encontrados cientos de años después. Hoy en día, existen diez colecciones diferentes de páginas de los cuadernos de Leonardo. Sólo se conoce la mitad de las páginas: alrededor de seis mil. Están en diferentes lugares del mundo. Siempre existe la esperanza de que algún día aparezcan más.

SALVAVIDAS

Bill Gates, el fundador de Microsoft, compró una colección de páginas sobre el tema del agua. Son llamadas el Código Atlántico. Algunas veces son exhibidas en museos. Contienen dibujos de olas y corrientes, de ondas, de gotas de agua salpicando un charco. (Los ojos de Leonardo eran tan agudos que podía ver lo que en la actualidad sólo revelan las cámaras de alta velocidad). Leonardo hizo varios experimentos con el agua.

ZAPATOS ACUÁTICOS

MÁQUINA EXTRACTORA DE AGUA

¡ Leonardo !

Esta es escritura de espejo.

¿ Puedes leerla ?

A B C D E F G H I J K L M
N O P Q R S T U V W X Y Z

En todos los cuadernos su letra está al revés. Esto se llama escritura de espejo, ya que se debe colocar uno delante de la página para poderla leer. ¿Por qué Leonardo los escribió así? Nadie lo sabe. Él era zurdo. Tal vez escribir de esta forma era más fácil para él. O tal vez le preocupaba que otras personas pudieran robar sus ideas, o quizá sólo quería mantenerlas en secreto.

El interés de Leonardo por el agua se remonta a las tormentas que vio en su infancia. Pero el agua era sólo uno de los temas que planeaba incluir en su enciclopedia.

Él quería entender y explicar de qué estaba hecha la luz. Quería entender cómo funcionaba el sentido de la vista, por qué los pájaros podían volar y todas las partes y funciones del cuerpo humano. Hizo una lista de unos veinte temas importantes. Una página de un cuaderno podía contener pequeños dibujos de alas y plumas de aves, así como pensamientos

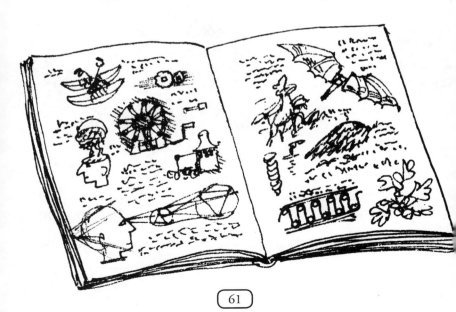

sobre música, ideas sobre armas nuevas o bocetos para construir represas. Leonardo nunca se limitó a un solo tema. Las páginas de sus cuadernos están llenas de escritos y dibujos. Es casi como si incluyera en el cuaderno todo lo que le pasara por la mente. Sus cuadernos revelan la mente de un verdadero genio.

Leonardo estaba interesado en todo tipo de máquinas y en sus partes: los tornillos, las bisagras,

las uniones, los ganchos
y los resortes.
Puede parecer
extraño que el
dibujo de

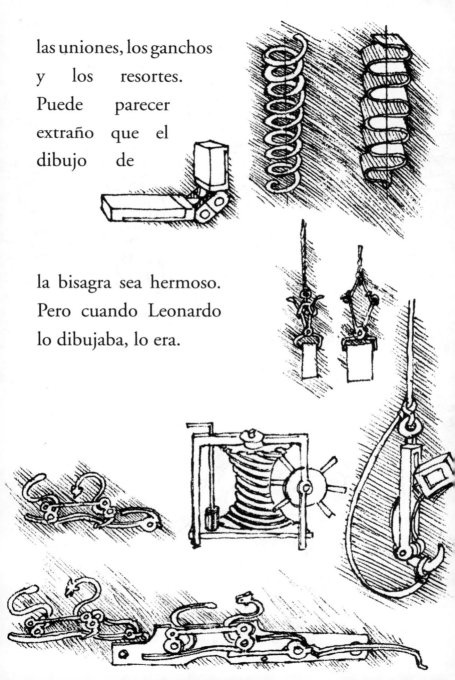

la bisagra sea hermoso.
Pero cuando Leonardo
lo dibujaba, lo era.

Él quería inventar vehículos terrestres, aéreos y acuáticos, incluso submarinos.

Por ejemplo, diseñó una bicicleta con una cadena como la de las bicicletas actuales.

Diseñó un paracaídas y una especie de submarino.

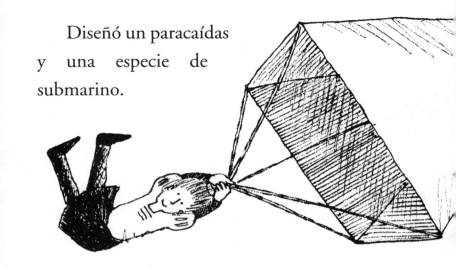

Un dibujo de sus cuadernos muestra una máquina voladora con una hélice en la parte superior, que debía girar y girar igual a la de un helicóptero.

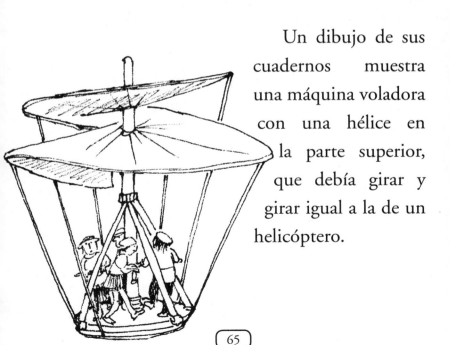

Leonardo estaba seguro de que un día las personas volarían. Dijo, "Está dentro del poder del hombre hacer este instrumento". La historia dice que iba al mercado a comprar pájaros en jaulas. Luego los llevaba a casa y los liberaba. ¿Cómo movían las alas? ¿Por qué podían volar? ¿Por qué aterrizaban sin quebrarse las patas? Leonardo quería descubrir las respuestas.

Dibujó muchas alas de aves. Y de las plumas que crecían en las alas. También estudió a los murciélagos y dibujó sus alas. Intentó fabricar alas que funcionarían con poleas, bielas, ruedas y amortiguadores. Uno de sus dibujos mostraba un par de pedales que giraban hacia atrás y una manivela para mover las alas. La persona tenía que batir las alas utilizando sus músculos. Los "huesos" de las alas serían de madera, los "músculos" de cuero, y la "piel" de tela.

¿Leonardo realmente fabricó alas? ¿Alguien las ensayó? Nadie lo sabe. En los cuadernos, él menciona haberlas probado en una colina cerca de Florencia. Si así fue, tuvo que haber saltado desde la cima y quedar suspendido un momento en el aire. Pero no pudo haber volado. Las alas no habrían funcionado por varias razones. La primera es que eran muy pesadas. Además, se necesita mucha fuerza para levantar un objeto pesado de la tierra y mantenerlo en el aire. El ser humano no tiene fuerzas suficientes para hacerlo. Y en la época de Leonardo, aún no se habían inventado máquinas de gran poder.

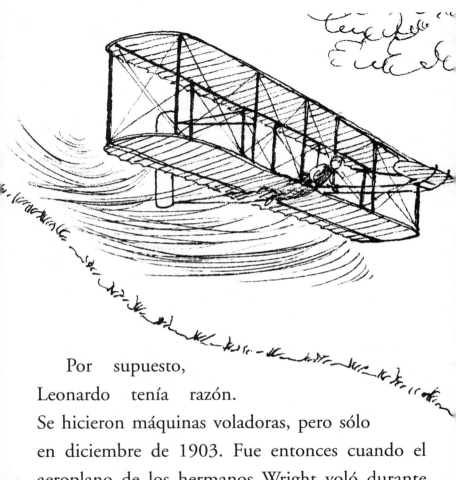

Por supuesto,
Leonardo tenía razón.
Se hicieron máquinas voladoras, pero sólo
en diciembre de 1903. Fue entonces cuando el
aeroplano de los hermanos Wright voló durante
doce segundos. Esto sucedió casi cuatrocientos
años después de la muerte de Leonardo. Fue un
hombre adelantado a su época.

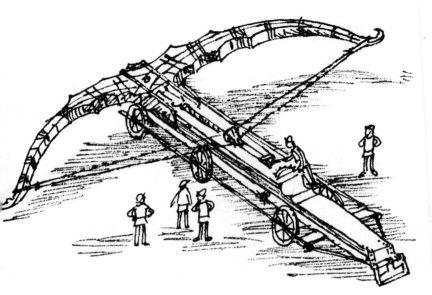

Leonardo trabajó un tiempo para otro duque italiano: César Borgia, un hombre sediento de sangre y poder. Diseñó armas para que las tropas del duque las utilizaran en la batalla. Leonardo no creía en la guerra y la llamaba enfermedad.

Pero le gustaba diseñar nuevas y mejores maquinarias. Algunas de las armas parecerían las de una película fantástica. Por ejemplo, un arco gigante que podía lanzar varias flechas al mismo tiempo. Era tan grande que debía ser operado por varios soldados. También diseñó un artefacto extraño con unas cuchillas largas que sobresalían de él, atadas a un caballo. El jinete podía atacar a sus enemigos, quienes no podían acercarse lo suficiente para hacerle daño.

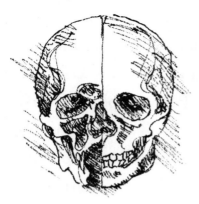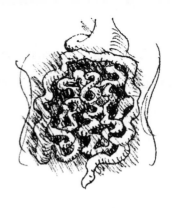

Leonardo también concibió el cuerpo humano como una máquina. De hecho, lo consideraba la máquina más perfecta. Quería entender el cuerpo humano del mismo modo en que había entendido a los caballos: por dentro y por fuera. Quería saber cómo funcionaban las diferentes partes del cuerpo en conjunto. La mejor forma de hacerlo era diseccionado cuerpos, es decir, abriendo un cadáver. Dejar varias capas del cuerpo al descubierto revela cómo ha sido creado el cuerpo.

Actualmente, los estudiantes de medicina aprenden muchas cosas sobre el cuerpo haciendo disecciones. Algunas veces los médicos lo hacen para averiguar la causa de la muerte de una persona. Pero en la época de Leonardo todo era muy diferente. Los estudiantes de medicina casi nunca hacían disecciones. Más bien aprendían de los libros. Abrir un cuerpo humano se consideraba demasiado horrible.

Sin embargo, Leonardo estaba decidido a verlo por sí mismo. Había hecho algunas disecciones en Milán. No era médico ni estudiante de medicina y lo que hacía era ilegal. En las últimas épocas de su vida regresó varias veces a Florencia, donde realizó más disecciones, alrededor de treinta. Registró en sus cuadernos lo que aprendió. Los dibujos que hizo del cuerpo humano son asombrosos.

En Florencia, tuvo un taller en un hospital. Trabajaba solo y de noche. El trabajo era realmente desagradable. Él lo detestaba. Pero de todos modos lo hizo.

Los dibujos sólo se descubrieron mucho después de la muerte de Leonardo. No se habían visto dibujos semejantes. Por ejemplo, los dibujos de un pie lo mostraban desde tres lados, moviéndose de formas diferentes. Leonardo también hizo dibujos en sentido transversal. Dibujaba un pie retirando una capa de la piel, para que los músculos pudieran verse.

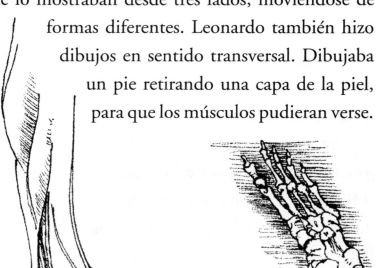

Dibujó músculos
que se ven como
cuerdas o sogas.

Ésta era una buena
forma para mostrar
cómo un músculo hala
un miembro. También
eliminaba algunos
músculos para mostrar
los huesos. Con estos
dibujos, no se necesitan
palabras. Muestran todo
exactamente como es.

Si el cuerpo era una máquina, entonces debería ser posible construir un hombre mecánico. En 1495, Leonardo hizo un diseño del primer robot. Hay algunas evidencias de que construyó uno. Era

un caballero con armadura en tamaño real que podía sentarse, mover la cabeza y los brazos. De nuevo, Leonardo estaba cientos de años adelantado a su época.

Capítulo 6
La batalla de los artistas

LEONARDO   MIGUEL ÁNGEL   RAFAEL

Leonardo fue uno de los más grandes artistas del Renacimiento. Pero no el único. El Renacimiento italiano fue una época muy especial porque produjo muchos artistas talentosos. Además de Leonardo, los otros dos artistas mayores son Rafael y Miguel Ángel.

RAFAEL

RAFAEL SANZIO NACIÓ EN URBINO, ITALIA, EL 6 DE ABRIL DE 1483. SU PADRE ERA ARTISTA Y LE ENSEÑÓ A DIBUJAR. CUANDO RAFAEL TENÍA VEINTIÚN AÑOS, FUE A FLORENCIA, DONDE ESTUDIÓ LAS OBRAS DE LEONARDO Y MIGUEL ÁNGEL. RAFAEL FUE EL PINTOR MÁS POPULAR DE SU ÉPOCA. SUS CUADROS DE MARÍA Y DEL NIÑO JESÚS TIENEN UNA DULZURA Y UNA ARMONÍA ESPECIALES. SUS COLORES SON FUERTES Y PUROS. EN LOS CUADROS DE RAFAEL TODO PARECE ESTAR EN EL LUGAR ADECUADO. MÁS TARDE TRABAJÓ EN ROMA PARA EL MISMO PAPA QUE MIGUEL ÁNGEL Y PINTÓ DOS FRESCOS GIGANTES. UNO ES *LA ESCUELA DE ATENAS*, QUE RETRATA A LOS GRANDES PENSADORES DE LA ANTIGUA GRECIA: PLATÓN Y ARISTÓTELES ESTÁN EN EL CENTRO. INFORTUNADAMENTE, RAFAEL MURIÓ JOVEN, A LOS TREINTA Y SIETE AÑOS.

MIGUEL ÁNGEL

SU NOMBRE COMPLETO ERA MIGUEL ÁNGEL
BUONARROTI. NACIÓ EN CAPRESE, ITALIA, EN 1475.
TUVO UNA LARGA Y EXITOSA CARRERA. PERO ÉL
NO CONSIDERABA LA PINTURA SU VERDADERA
VOCACIÓN. SE CONSIDERABA ANTE TODO UN
ESCULTOR. LE ENCANTABA TRABAJAR CON EL
HERMOSO MÁRMOL ITALIANO. ADEMÁS DE *DAVID*,
SU FAMOSA ESCULTURA DE FLORENCIA, OTRA
DE SUS GRANDES OBRAS ES UNA ESTATUA DE
MARÍA SOSTENIENDO EL CUERPO DE JESÚS. SE
LLAMA *LA PIETÀ* Y FUE TERMINADA CUANDO
TENÍA SÓLO VEINTITRÉS AÑOS. *LA
PIETÀ* ESTÁ LLENA DE UNA TERNURA
TRISTE, PERO MIGUEL ÁNGEL ES
CONOCIDO ESPECIALMENTE POR
CREAR FIGURAS FUERTES Y
MUSCULOSAS.

La
Pietà

SIN EMBARGO, ES MÁS FAMOSO POR HABER
PINTADO EL TECHO DE UNA CAPILLA PARA EL
PAPA EN ROMA: EL DE LA CAPILLA SIXTINA. TARDÓ
CUATRO AÑOS EN TERMINARLO, TRABAJANDO
EN UN ANDAMIO A SESENTA PIES DE ALTURA. EL
FRESCO CONTIENE LAS HISTORIAS DEL ANTIGUO
TESTAMENTO, COMENZANDO CON LA CREACIÓN
DEL MUNDO.

Rafael era un gran admirador de Leonardo, pero Miguel Ángel no. A Leonardo tampoco le simpatizaba Miguel Ángel. Es difícil imaginar a dos hombres más diferentes. Miguel Ángel provenía de una familia acomodada, pero no se cambiaba sus ropas con frecuencia. Dormía en el suelo de su estudio. Era bajito, tenía la espalda torcida, y un temperamento fuerte. Leonardo era apuesto, se vestía bien y era encantador.

Miguel Ángel, que era veintisiete años más joven que Leonardo, se había vuelto famoso por su inmensa estatua de David. Leonardo no creía que la estatua fuera tan maravillosa. O al menos eso decía.

A su vez, Miguel Ángel se burlaba en público de Leonardo por no haber terminado nunca su enorme estatua. Decía, "hiciste un modelo de un caballo que nunca pudiste fundir en bronce y te diste por vencido para vergüenza tuya. ¡Y el estúpido pueblo de Milán confiaba en ti!".

Cuando a ambos se les pidió pintar un mural en el edificio del gobierno de Florencia, esto se convirtió en una feroz contienda. Los muros tendrían diferentes escenas de famosas batallas ganadas por Florencia.

De nuevo, las pinturas serían al fresco. (La última vez que Leonardo ensayó esta técnica fue en el monasterio, para *La última cena*). El espacio era enorme y el fresco de Leonardo mediría unos sesenta pies por veinticuatro. Hizo muchos dibujos. Quería una escena llena de acción, con caballos relinchando y soldados combatiendo. El horror de la guerra también estaría presente por medio de los muertos. Los heridos gemían de dolor en medio del polvo, la suciedad y la sangre.

Cuando Leonardo decidió su diseño, hizo varios cartones con bocetos para el mural. Luego instaló un andamio con una plataforma móvil que le permitiría trabajar con comodidad.

El problema era que Leonardo no quería pintar un fresco convencional. Una vez más intentó otro experimento. Encontró la forma de usar pinturas al óleo secadas con brasas de carbón. Realizó el

experimento en un muro en su estudio, y éste funcionó. Hizo la prueba en un área pequeña y necesitaba que su experimento funcionara en grandes áreas, pero no lo consiguió. Si colocaba los carbones cerca de la pintura, ésta se derretía. Si los colocaba lejos, no había calor suficiente para secarla. La parte superior de la escena de su batalla terminó negra de humo y otras partes quedaron movidas. Después de tres años de trabajo duro, Leonardo sólo consiguió un desastre.

En cuanto a Miguel Ángel, tampoco terminó su pintura. Tal vez esto haya sido un consuelo para Leonardo. En 1504, Miguel Ángel fue llamado a Roma por el Papa para hacer otros trabajos. Uno de ellos era pintar el techo para la capilla del Papa. La conocemos como la Capilla Sixtina.

LOS CARTONES DEL SIGLO XV

LOS DIBUJOS ANIMADOS MODERNOS Y
LAS TIRAS CÓMICAS QUE APARECEN EN LOS
PERIÓDICOS Y REVISTAS, NO SON LO MISMO QUE
LOS CARTONES DEL SIGLO XV. UN CARTÓN ERA
UNO DE LOS PASOS PARA HACER UN FRESCO.
EL ARTISTA DIBUJABA TODO EN TAMAÑO REAL,
TAL COMO APARECERÍA EN LA PARED. EL CARTÓN
ERA FIJADO A ELLA. LUEGO SE PERFORABAN
PEQUEÑOS AGUJEROS SIGUIENDO LAS LÍNEAS
DEL DIBUJO. DESPUÉS, EL ARTISTA REPASABA

EL DIBUJO ES
COLOCADO EN LA
PARED.

SE PERFORAN
HUECOS SOBRE
LAS LÍNEAS.

LAS LÍNEAS CON CARBÓN VEGETAL. CUANDO EL
CARTÓN ERA RETIRADO DE LA PARED, QUEDABA
UNA SILUETA DIBUJADA. EL ARTISTA PODÍA
ENTONCES COMENZAR A PINTARLA CON COLORES.
LOS CARTONES DE LEONARDO QUE AÚN EXISTEN
SON HERMOSAS OBRAS DE ARTE EN SÍ MISMAS.
EL CARTÓN PARA LA ESCENA DE LA BATALLA FUE
CONSERVADO POR LA CIUDAD DE FLORENCIA.
LOS FUNCIONARIOS CONSIDERARON QUE LES
PERTENECÍA, PUES LEONARDO HABÍA ARRUINADO LA
PARED. HOY EN DÍA ESTÁ EN
UN MUSEO.

3.

EL CARBÓN ES
FROTADO SOBRE
LAS LÍNEAS.

4.

EL DIBUJO
SE RETIRA,
Y LA SILUETA
QUEDA EN
LA PARED.

Capítulo 7
Las damas de Leonardo

No todo en la carrera de Leonardo terminó en fracaso. A veces terminó sus trabajos. Es cierto que sólo se conocen diez pinturas terminadas por él. Es un pequeño número, pero todas y cada una de ellas son un tesoro.

La historia dice que en 1505, un rico comerciante de sedas quería un retrato de su esposa y le pidió a Leonardo que lo realizara. Leonardo les dijo a sus amigos que se "había cansado del pincel". Quiso decir que la pintura ya no le alegraba mucho. Pero tal vez necesitaba el dinero. O tal vez el rostro de la mujer captó su interés, especialmente su sonrisa. Cualquiera que sea la razón, Leonardo aceptó el trabajo. Y aunque tardó muchos años, lo terminó.

Nadie sabe con seguridad cuál era el nombre de la mujer. Es probable que su nombre haya sido Lisa. Tal vez se llamara Lisa del Giocondo. En español, el cuadro se llama la *Mona Lisa*.

En el retrato, sólo se ve la parte superior del cuerpo de la Mona Lisa. Detrás de ella hay un paisaje. Un camino sinuoso lleva a las montañas escarpadas que desaparecen en la niebla.

Su vestido negro es muy simple. Tampoco lleva joyas lujosas. Un velo negro muy fino cubre su cabello rizado. En aquella época, como ahora, se acostumbraba que las viudas se vistieran de negro. Así que tal vez la Mona Lisa no era la esposa de un comerciante de sedas, sino alguien de quien no sabemos nada. Este es uno de los misterios que rodean a la pintura.

Sus manos están cruzadas y descansan la una sobre la otra. Al mirarlas, es fácil creer que debajo de la piel hay músculos y huesos, por lo que es posible olvidar que sus manos son simplemente pinceladas de pintura sobre una superficie plana.

Pero la expresión de su rostro es lo que llama la atención. Sus labios están apretados en una sonrisa calmada y a medias. Parece como si guardara un secreto. Sus ojos también están llenos de misterio. Parece mirar algo que sólo ella puede ver.

EN EL LOUVRE

La *Mona Lisa* es quizá la pintura más famosa del mundo. ¿Por qué? Nadie puede responder realmente a esta pregunta. Pero a Leonardo también le encantó la pintura. Decidió conservarla cuando la terminó. De hecho, anduvo con ella a dondequiera que fuese, por el resto de su vida.

Muchas personas creen que otro retrato de una mujer pintada por Leonardo es incluso más hermoso que la *Mona Lisa*. Es la *Dama del armiño*. El armiño es un tipo de comadreja. En invierno, su pelaje se vuelve blanco, tal como aparece en la pintura. Los pelos de armiño eran utilizados para los pinceles. Así que es posible que Leonardo pintara el armiño con un pincel de pelos de este animal.

¿Por qué hay un armiño en el cuadro? Tal vez se deba a un juego de palabras. El nombre de la joven era Cecilia Gallerani. Y *gale* significa "armiño" en griego.

Al igual que en la *Mona Lisa,* en la *Dama del armiño* sólo se ve la mitad superior de la joven. Pero no hay ningún paisaje detrás. La joven aparece contra un fondo oscuro y sólido. Ni ella ni el animal miran directamente al espectador. Su cara está inclinada y mira hacia un lado. ¿A qué o a quién? Nadie lo sabe. Viste ropas más lujosas que la Mona Lisa. Tiene una larga cadena de cuentas enrollada alrededor del cuello. Su vestido es azul y rojo, con revestimientos de oro y encajes negros. La tela parece ser terciopelo.

La *Mona Lisa* tiene un aspecto soñador. La joven del armiño parece tener una mente rápida y aguda. Puedes verlo en sus ojos atentos, y en su boca y mentón. Una mano sostiene al armiño cerca de su hombro. El armiño también parece atento e

inteligente. La mano de la joven es hermosa. Está pintada a la perfección. Pero sus dedos delgados se ven tensos. Los dedos de la *Mona Lisa* son regordetes y relajados. Por medio de las posturas y de los rostros, Leonardo capta las almas de dos mujeres muy diferentes.

La dama del armiño no es tan famosa como la *Mona Lisa*. El cuadro está en un museo de Cracovia, en Polonia. la *Mona Lisa* está en el Louvre, un famoso museo en París donde la gente va a verla todos los días. ¿Cuál pintura es más hermosa? Las personas que tienen la suerte de verlas a ambas deben decidir por sí mismas.

Otro retrato de Leonardo de una joven está en la Galería Nacional de Arte en Washington, D.C. Es el único cuadro de Leonardo que hay en los Estados Unidos. Su nombre era Ginevra de' Benci. Es más pequeño que la *Mona Lisa* y que *La dama del armiño*. La parte inferior fue cortada en algún momento, así que actualmente, la pintura sólo

Ginevra de' Benci, c.1474

muestra la cabeza y el pecho de Ginevra. Su piel es tan pálida que parece fantasmal.

Sus ojos parecen tristes. Es muy difícil "leer" su expresión. Esta es una de las razones por las que las personas siguen mirando la pintura. El *Retrato de Ginevra de' Benci* es inquietante.

Capítulo 8
Pérdidas

Ser Piero, el padre de Leonardo, murió en 1504. Tenía setenta y ocho años. No dejó testamento y Leonardo no recibió nada. Los otros hijos de Ser Piero heredaron todo el dinero.

Luego, en 1507, murió Francesco, el tío de Leonardo. Era el único familiar que le había manifestado afecto. Francesco hizo un testamento. Le dejó todo a Leonardo. Francesco quería que Leonardo recibiera todas sus propiedades y dinero. Pero los medios hermanos y hermanas de Leonardo estaban furiosos. Y fueron a los tribunales. Leonardo terminó recibiendo el *uso* de las tierras y del dinero de Francesco. Cuando Leonardo muriera, sus familiares lo heredarían todo.

Leonardo tenía casi sesenta años. Tenía

problemas de salud. No tenía un hogar ni mucho que mostrar después de tantos años de trabajo. Necesitaba un mecenas, y apareció uno. El hombre valoraba a Leonardo por ser un genio y le dio una casa hermosa con un jardín. Le permitió traer consigo a Salai y a Francesco Melzi, su buen amigo. Lo único que este hombre le pidió a Leonardo fue su compañía.

Este hombre era un rey.

El rey Francisco I de Francia tenía una gran casa en Amboise, en el norte de Francia. Leonardo recibió una hermosa casa de ladrillo y de piedra caliza. Trajo su colección de libros, sus cuadernos, y tres de sus cuadros. Uno de ellos era la *Mona Lisa*. Un túnel conectaba las dos casas. Cuando el

rey estaba en Amboise, iba a hablar con Leonardo. Escogía un tema y le pedía su opinión a Leonardo. Era evidente que el rey sentía que era un honor estar simplemente en compañía de Leonardo.

Y así, Leonardo terminó su vida en Francia.

Murió el 2 mayo de 1519. Una historia dice que murió en los brazos del rey. Otra dice que sus últimas palabras fueron sobre su estatua del caballo: si tan sólo hubiera podido terminarla.

Fue enterrado en una capilla en Amboise. Tal vez no sea un final feliz. Pero tampoco es triste.

LOS CUADERNOS

LEONARDO LE DEJÓ SUS CUADERNOS A SU AMIGO MELZI, QUIEN TRATÓ DE ORGANIZARLOS. TODAS LAS PÁGINAS SOBRE ARTE FUERON ENSAMBLADAS Y PUBLICADAS COMO UN LIBRO. SE LLAMÓ *TRATADO DE PINTURA*. UN TRATADO EXPLICA LAS IDEAS DE UNA PERSONA SOBRE UN TEMA. ASÍ, ESTE LIBRO EXPLICA LAS IDEAS DE LEONARDO SOBRE LA PINTURA. POR ALGUNA RAZÓN, EL LIBRO SÓLO FUE PUBLICADO EN 1651, MÁS DE 130 AÑOS DESPUÉS DE LA MUERTE DE LEONARDO. EL RESTO DE LAS PÁGINAS DEL CUADERNO FUERON DESCONOCIDAS PARA EL MUNDO DURANTE MUCHO TIEMPO. LAS OBRAS QUE NO SE PERDIERON, QUE NO FUERON ROBADAS O CORTADAS, SÓLO APARECIERON A COMIENZOS DEL SIGLO XIX. LAS MÁS RECIENTES FUERON ENCONTRADAS EN 1965. ¡APARECIERON EN MADRID, APILADAS EN LA BIBLIOTECA NACIONAL!

Leonardo

Leonardo

CRONOLOGÍA DE LA VIDA DE LEONARDO DA VINCI

1452	Leonardo nace el 15 de abril
1468	Leonardo se convierte en aprendiz en el estudio de Verrocchio en Florencia
1473	Leonardo se convierte en miembro del gremio de pintores
1476	*La Anunciación* de Leonardo
1478	Retrato de Ginevra de' Benci, de Leonardo
1482	Leonardo deja Florencia para trabajar en Milán; por esta época comienza a llevar cuadernos
1490	Leonardo trabaja en su estatua del caballo
1490	*La fiesta del paraíso* es instalada en el banquete de bodas del sobrino del duque; Salai se va a vivir con Leonardo
1493	*La dama del armiño*, de Leonardo
1495	Es probable que Leonardo haya ensayado una de sus máquinas voladoras
1498	Época aproximada en que Leonardo termina el fresco de *La Última Cena* en las afueras de Milán
1499	El ejército francés ataca Milán y destruye el modelo de la estatua del caballo
1499-1500	Leonardo abandona Milán
1502	Leonardo trabaja para César Borgia
1503	Leonard regresa a Florencia; año aproximado en que Leonardo comienza a pintar la *Mona Lisa*
1506	Leonardo se da por vencido con la escena de la batalla en la pintura al fresco del ayuntamiento de Florencia
1506	Leonardo regresa a Milán, donde vive de manera intermitente durante muchos años
1516	Leonardo se muda a Amboise como huésped del rey de Francia
1519	Leonardo muere el 2 mayo

CRONOLOGÍA DEL MUNDO

Johannes Gutenberg inventa una imprenta con letras móviles	1450s
Nace el astrónomo polaco Nicolás Copérnico	1473
Nace Miguel Ángel Buonarroti	1475
Bartolomé Dias de Portugal circunnavega el extremo sur de África	1488
Cristóbal Colón navega hacia el Nuevo Mundo	1492
Nace Suleiman I, futuro rey del Imperio Otomano	1494
Vasco da Gama descubre una ruta a la India	1497-99
La estatua de David, de Miguel Ángel; el joven Rafael va a Florencia a estudiar con Leonardo y Miguel Ángel	1504
El arquitecto Donato Bramante es contratado por el Papa para reconstruir la Iglesia de San Pedro en Roma	1506
El explorador Américo Vespucio, amigo de Leonardo, publica el recuento de su navegación por el Nuevo Mundo, que es llamado América en honor a Vespucio	1507
Miguel Ángel termina de pintar la Capilla Sixtina; nace Gerardo Mercator, quien elabora el primer mapa del mundo	1512
Andreas Vesalius, quien publica el primer libro especializado en anatomía humana, nace en Bruselas	1514
Fernando de Magallanes comienza el primer viaje alrededor del mundo	1519
Nace la reina Isabel I	1533

BIBLIOGRAFÍA

Bramly, Serge. **Leonardo: The Artist and the Man.** Penguin Books, New York, 1994.

Byrd, Robert. **Leonardo, Beautiful Dreamer.** Dutton Children's Books, New York, 2003.

Canaday, John. **What Is Art? An Introduction to Painting, Sculpture, and Architecture.** Alfred A. Knopf, New York, 1980.

Fritz, Jean. **Leonardo's Horse.** G. P. Putnam's Sons, New York, 2001.

Galluzzi, Paolo. **Mechanical Marvels: Invention in the Age of Leonardo.** Giunti, Florence. 1996.

Langley, Andrew. **Eyewitness: Leonardo & His Times.** DK Publishing Inc., New York, 2000.

McLanathan, Richard B.K. **Leonardo da Vinci.** Harry N. Abrams, Inc., Publishers, New York, 1990.

Stanley, Diane. **Leonardo da Vinci.** Morrow Junior Books, New York, 1996.

Ventura, Piero. **Great Painters.** G. P. Putnam's Sons, New York, 1984.